go-girl

恋人法苑

我的爱情法律说明书
恋爱和结婚前一定要读

冯兴妮/编著
任韬/绘图

陕西出版集团　陕西人民出版社

图书在版编目（CIP）数据

恋人法苑 / 冯兴妮编著；任韬绘. —西安：陕西人民出版社，2011
 ISBN 978-7-224-09910-2

Ⅰ.①恋… Ⅱ.①冯… ②任… Ⅲ.①婚姻法—基本知识—中国 Ⅳ.①D923.95

中国版本图书馆CIP数据核字（2011）第203520号

恋人法苑

编　　著：	冯兴妮
绘　　图：	任　韬
整体设计：	哲　峰　谢　晶
整体制作：	潘雅倩　郝江涛　谢廷坤
	张建龙　朱建平　杨　东
出版发行：	陕西出版集团　陕西人民出版社
地　　址：	西安北大街147号　邮编：710003
印　　刷：	陕西金和印务有限公司
开　　本：	787mm×1092mm　16开　9印张
字　　数：	113千字
版　　次：	2012年2月第1版　2012年2月第1次印刷
印　　数：	1—5000
书　　号：	ISBN 978-7-224-09910-2
定　　价：	22.00元

CONTENTS
目录

PART 1
虽然很甜蜜，还是要说清楚

Q1 男朋友偷偷拿我的身份证去办理银行信用卡，之后就刷爆好几张卡，直到银行给我下了催款通知我才知道。他居然说都是因为和我约会时给我买东西才刷爆的。请问我需要替他还钱吗？ — 003

Q2 跟男朋友约会时，他一直要求跟我发生性关系，我虽然一直表示不愿意，但是也没有挣扎，最终该发生的都发生了。我可以告他吗？ — 005

Q3 我怀疑男朋友劈腿，所以我去查了他的通话记录。男朋友说要去法院告我，请问他真的可以这么做吗？ — 007

Q4 男朋友说我要是离开他，他就去自杀。结果在又一次争吵之后，他真的跳楼了。请问我要负责吗？ — 009

Q5 有个男生喜欢我，约我去KTV唱歌。他给我喝了一杯饮料，我就没有知觉了。等我醒来，是一丝不挂地在宾馆里躺着的。我该怎么办啊？ — 011

Q6 男朋友总是喜欢在我身上留下吻痕，他说这样就可以让其他人知道我是他的。可是我真的觉得很丢脸。他却说要是我不允许的话就是不爱他。难道我只能接受吗？ — 013

Q7 男朋友犯了事，和我住在一起。一天警察来了，他就逼我说他不在家。我只好这么给警察说了。请问我这算是违法吗？ — 015

Q8 男朋友答应送我一部车，可迟迟不兑现。我可以要求他兑现承诺吗？ — 017

Q9 男朋友有暴力倾向，动不动就打我。事后又给我跪下道歉，说他是爱我才这么做的。我真的受不了了，我该怎么办？ — 019

Q10　男朋友是有妇之夫。有一天我们被他老婆捉奸在床。她说让我给她一笔　021
　　　钱作为遮羞费，否则就去法院告我。我怎么这么倒霉?

Q11　我怀了男朋友的孩子，他要求我做掉。我不肯，他就让我签下一个协议，　023
　　　说即使生下孩子他也不负责抚养。难道他真的就没有责任了吗?

Q12　男朋友是军人，不能总是陪我。他怕我和别的男人在一起做对不起他的　025
　　　事，就在我家装了针孔摄像头。真过分！我可以告他吗?

Q13　我买了一部车，男朋友经常借我的车出去玩。没想到出了车祸，车撞坏　027
　　　了不说，还把行人撞成重伤。我要承担责任吗?

Q14　我才上初中，但我很喜欢我们的一个代课老师，他也很喜欢我。我可以　029
　　　和他做男女朋友吗？他想和我发生性关系，可以吗?

Q15　爸爸知道我交男朋友了，就偷听我打电话，偷看我电脑里的聊天记录，　031
　　　还不让我出门。他可以这样做吗?

PART 2
谢谢你的爱，但我不要伤害

Q1　前男友那里有我们在一起时候的私密照片和视频。他用这个威胁我，怎　035
　　　么办啊？如果他把这些传到网上，会怎么样啊?

Q2　分手了，可我还是很想念他。我给他打电话，可接通之后我又不知道该　037
　　　说什么。很多次了。前男友说我再这样的话，他就去告我骚扰。难道我
　　　痴情也不对吗?

Q3　分手后，我和另外一个男生在一起了。前男友知道后，就告诉我的现男　039
　　　友说我的私密处长了一颗痣。我真的觉得很丢脸，感觉像是被他扒光衣

CONTENTS

服一样。我该怎么办?

Q4　前男友办了张信用卡的附属卡给我,分手后没有要回。我还可以用吗?　041

Q5　我和男朋友曾经同居过,但现在分手了,我要搬出同居时的房子。住在一起的时候我付钱买的东西,可以要求他折算成钱给我吗?　043

Q6　我和前男友在一起的时候,他保管我们的身份证。结果我发现他用我的身份证去银行开户、办理贷款,请问我应该为此负责吗?　045

Q7　我们在一起三四年了,我很爱我的男朋友。开始我挣钱供他上大学,后来他毕业了。为了他开店的梦想,我四处借钱作为他的启动资金。好不容易店开起来了,他却要和我分手。我该怎么办?　047

Q8　我和前男友生了个孩子,并约定由他监护。现在他的家人不许我看孩子,我可以偷偷把孩子带回家吗?　049

Q9　前男友和我分手后,在我的单位和家附近散布谣言,说我被别人包养,害得别人看我像看怪物一样。我可以告他吗?　051

Q10　我和男朋友生了个孩子,但他并不想结婚。如果不结婚的话,我抚养孩子,可以向他要抚养费吗?我的孩子以后可以从他那里继承财产吗?那我呢?　053

Q11　因为偶然的原因,我和一个普通男性朋友发生了关系,并意外地怀孕了。他却不愿意承认。请问我该怎么保护自己?　055

Q12　和男朋友分手了,他不愿意接受现实,总是不停地给我打电话、发短信,内容非常让人难堪。我该怎么阻止他呢?　057

Q13　我在一家公司上班,老板看上我了,要我做他的情人。我不愿意,他就发短信给我,说要是我同意的话,给我十万块,就一年的时间;要是我不同意,就搞得我身败名裂,让我结了婚也得离婚。请问我该怎么办啊?　059

Q14　我和男朋友感情很好，最近却意外怀孕了。可男朋友的爸爸妈妈坚决不　　061
　　　同意我生下这个孩子，说即使我生下来，他们也一分钱都不会出的，更
　　　别说给我们带孩子了。我很伤心，请问他们这样做合适吗？

Q15　男朋友跟我 XOXO 的时候从来不考虑我的生理情况，不爱戴 TT，叫我　　063
　　　算安全期。其实安全期根本就不安全。我也不想吃避孕药，因为我已经
　　　吃了太多药了。我害怕以后不孕，上次吃药出血半个月。我该怎么办啊？

PART 3
结婚应该很幸福，可是……

Q1　我们准备结婚了。我父母给了我一笔钱置办嫁妆。我买了一部车，可是　　067
　　男朋友说应该写我们两个人的名字，我就照办了。现在他急着用钱，想
　　把车卖了，我不同意，怎么办啊？

Q2　男朋友想要在我们结婚之前做婚前财产公证，我觉得他不爱我，才会跟　　069
　　我分得这么清楚。请问他这么做可以吗？

Q3　我男朋友今年 19 岁，我们想早点儿结婚。可他妈妈坚决不同意。我们　　071
　　可以不管他妈妈的意见，直接结婚吗？

Q4　半年前，我和男朋友办了一场婚礼，可一直没有领结婚证。我们的婚姻　　073
　　有效吗？

Q5　我怀疑我先生出轨，就委托私家侦探拍到了他和情人在宾馆的照片。这　　075
　　些可以作为证据提交到法院吗？

Q6　我家经济条件很好，父母给我准备了丰厚的嫁妆，并且我也有很多收入和　　077
　　股票。最近和男朋友谈到结婚的事情，我怎样才能保障自己的权益呢？

CONTENTS

Q7　交往多年的男朋友有轻微的暴力倾向，偶尔会打我，但是他还是很爱我　　079
　　的，所以我还是决定和他结婚。我打算让他签一份保证，要是婚后又打
　　我的话，必须无条件同意离婚。这个保证有效吗？

Q8　刚结婚，老公总是"性"致勃勃，不仅拉着我和他一起看Ａ片，还让　　081
　　我尝试各种不堪的动作。我真的很痛苦。这算是虐待吧？

Q9　孩子可不可以跟妈妈姓？　　083

Q10　我和男朋友准备结婚，所以他付首付买了一套房子，房产证上写的是他　　085
　　　的名字。但他说应该由我来月供，我也同意了。没想到婚礼前我们大吵
　　　了一架，就分手了。我可以不供那套房子吗？

Q11　我的未婚夫对我很好，人也很精神，大家都说我找了个好男人。可是没想到，　　087
　　　他之前居然进过监狱！我实在不能接受。我可以解除婚约并让他赔偿吗？

Q12　男朋友知道我怀孕后，就同意尽快结婚。可是在准备婚礼的时候，因为　　089
　　　太过操劳，我流产了。男朋友又不愿意跟我结婚了。我怎么办啊？

Q13　我和男朋友真的很相爱，我们已经交换戒指私定终身了。但是他家里人　　091
　　　不同意我们在一起。我们该怎么办？

Q14　我和男朋友马上就要结婚了，我们当初是由媒人介绍认识的。但最近我　　093
　　　发现他有赌博的恶习。而现在双方父母都希望我们尽快完婚。可我对于
　　　媒人之前再三保证说他没有任何不良嗜好非常气愤。我该怎么办？

Q15　男朋友的工作是做风险非常高的投资，经常挣的多，赔的也多。我想在　　095
　　　结婚前做婚前财产公证，这样对我比较好吗？或者可不可以婚后分别管
　　　理各自的财产，即使他赔了，我也不用帮他还债？

Q16　我是一个只爱女生的拉拉（同性恋），最近遇到了可爱的她。我们真　　097
　　　的想要在一起并且结婚，再领养个孩子，请问可以吗？

| Q17 | 我很爱我的男朋友，想要嫁给他。但我的父母不同意，还为了这件事打我。我该怎么办？父母算暴力干涉婚姻自由吗？ | 099 |

| Q18 | 我和先生结婚了。他对我总是不放心，天天查我的手机通话记录和短信记录，我上班的时候还要打两个电话查岗。我说了他好多次，他说是因为在乎我。怎么办呢？ | 101 |

| Q19 | 我和先生认识两个月就结婚了。婚后一直没有怀上孩子。我自己检查过了，没有什么问题。我让先生去检查，他总是推托，还经常喝很多酒。后来硬逼着他去检查，医生说他有问题。我怀疑他之前就知道自己不育，却没有告诉我。我真的很喜欢小孩，怎么办？想离婚…… | 103 |

PART 4
要分道扬镳了，希望能好聚好散

| Q1 | 我先生有了第三者，我很伤心，准备和他离婚。请问如果离婚的话，我可不可以得到补偿？如果可以的话，补偿多少？ | 107 |

| Q2 | 我先生是离异的，带着他和前妻的孩子。前不久先生突然去世，留下了这个孩子。请问我应该抚养这个孩子吗？还是应该送还给孩子的生母抚养？ | 109 |

| Q3 | 我先生和我结婚后就对我失去了兴趣，从来不碰我。我建议他去看心理医生，他也不愿意。可我真的很难受！我可以因为这个离婚吗？ | 111 |

| Q4 | 我和先生白手起家，婚后努力挣钱买了三套房子，都登记在他的名下。但他却在外面有了别的女人，准备和我离婚。我可以要求分房子吗？ | 113 |

| Q5 | 我先生最近失业了，心情不好，整天借酒浇愁，还经常对我拳打脚踢。我可以要求离婚并请求赔偿吗？ | 115 |

CONTENTS

Q6　法院判决我和先生离婚，孩子的抚养权归我。那他对孩子还有责任吗？以后孩子有什么事情的话，我还可以找他帮忙吗？　　117

Q7　当初我和前夫离婚的时候，一时逞强，拒绝了他给孩子的抚养费。但这几年，因为各种原因，我的收入大不如前。请问我可以要求前夫给孩子抚养费吗？　　119

Q8　和前夫离婚后的第三个月，我就再婚了。可突然发现自己已经怀孕四个多月了。前夫可以来跟我要这个孩子吗？　　121

Q9　先生想要和我离婚。我在考虑的期间，无意中发现家里的存款全部都不见了！房子是在我们结婚之后用先生的名字买的，他把房子也过户到别人的名下了。我该怎么办？！　　123

Q10　我和先生离婚了，在离婚协议中约定将我们共有的一套房屋送给孩子。后来我约他去办理过户手续，他竟然一口回绝，要我和孩子补偿给他10万元，否则不办理过户手续。已经签订的协议，他怎么能反悔呢？　　125

Q11　法院判决我和先生离婚，我不服，提出上诉了。在等待二审法院开庭审理期间，竟听说他已经和另一个女人在外地办了喜酒，堂而皇之地以夫妻名义住在了一起，就差领取结婚证了。离婚判决尚未生效他就做出这样的事，我能起诉他们重婚吗？　　127

Q12　因为家庭暴力，想跟老公离婚。他之前打我的时候写下了保证书，说如果再打我的话，就同意离婚，并且家庭所有财产全归女方。请问这个保证书有用吗？凭借保证书我可以获得全部财产吗？　　129

虽然很甜蜜，还是要说清楚

PART 1

男朋友偷偷拿我的身份证去办理银行信用卡，之后就刷爆好几张卡，直到银行给我下了催款通知我才知道。他居然说都是因为和我约会时给我买东西才刷爆的。请问我需要替他还钱吗？

你的男朋友用你的身份证办理信用卡,他的行为已经构成了妨害信用卡管理罪。根据我国《刑法修正案(五)》第一百七十七条规定,以虚假的身份证明骗领信用卡的,构成妨害信用卡管理罪,处三年以下有期徒刑或拘役,并处或者单处一万元以上十万元以下罚金。你男朋友的行为,已经符合本罪的构成,应该承担相应的法律责任。你可以去你们住所地的公安机关举报,由公安机关进行侦查,确实构成犯罪的,由检察院的工作人员对你的男朋友依法提起公诉。

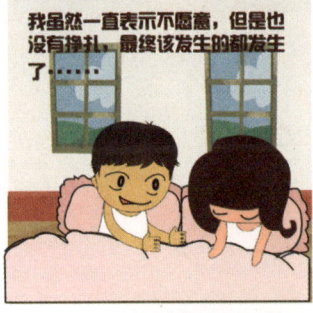

跟男朋友约会时，他一直要求跟我发生性关系，我虽然一直表示不愿意，但是也没有挣扎，最终该发生的都发生了。我可以告他吗？

不可以。我国刑法规定的强奸罪的构成是：以暴力或胁迫的手段违背妇女意志强行与妇女发生性行为。男朋友要求和你发生性关系时，你虽然一直表示不愿意，但却没有事实行为上的反抗，也就是说你默认了他的行为。所以你的男朋友并没有构成犯罪。

我怀疑男朋友劈腿,所以我去查了他的通话记录。男朋友说要去法院告我,请问他真的可以这么做吗?

公民的通话记录属于他的个人隐私，而我国公民的个人隐私是受国家法律保护的，任何人不能随意侵犯。你不经过你男朋友的同意查看他的通话记录，是侵犯公民隐私权的行为。他可以以你侵犯他的隐私权起诉你。

男朋友说我要是离开他，他就去自杀。结果在又一次争吵之后，他真的跳楼了。请问我要负责吗？

你不需要承担法律上的责任。因为你的男朋友具有完全的民事权利能力和行为能力，他有权决定自己的行为并承担相应的后果。他因为你们的争吵就去跳楼是他自己决定放弃自己的生命权利，争吵与他跳楼之间没有法律上的因果关系，所以你没有必要为此承担法律责任。

　　有个男生喜欢我，约我去KTV唱歌。他给我喝了一杯饮料，我就没有知觉了。等我醒来，是一丝不挂地在宾馆里躺着的。我该怎么办啊？

你应该马上去公安机关报案，由公安机关调查这个男生在你失去知觉以后对你做了哪些非法行为，为你保护自己的权益取得证据。如果发现这个男生有侵犯你性权利或者隐私权的行为，你可以采取相应的法律手段保护自己的合法权益。如果他趁你失去知觉时与你发生性关系，那他已经构成强奸罪，依法应判处三年以上十年以下有期徒刑。

男朋友总是喜欢在我身上留下吻痕，他说这样就可以让其他人知道我是他的。可是我真的觉得很丢脸。他却说要是我不允许的话就是不爱他。难道我只能接受吗？

公民有生命、健康、隐私、名誉等等不受他人侵害的权利。你男朋友不经你的允许做出以上行为，侵犯了你的人身权、隐私权，也给你造成了一定的精神压力，只是情节和后果都很轻微，还涉及不到精神损害赔偿的问题，但你完全可以把你的感受告诉他，拒绝他的要求。

男朋友犯了事，和我住在一起。一天警察来了，他就逼我说他不在家。我只好这么给警察说了。请问我这算是违法吗？

你明知男朋友是已犯罪的人，却还为他提供隐藏住所，作假证明包庇他，你的行为已经构成窝藏、包庇罪，应当被判处三年以下有期徒刑、拘役或者管制。但是如果你有证据证明自己是被他胁迫的，对你可以减轻或免除处罚。

男朋友答应送我一部车，可迟迟不兑现。我可以要求他兑现承诺吗？

你男朋友的行为是一个法律上的口头财产赠与行为,在他没有兑现之前你可以要求他兑现。但是赠与行为是一个单方面义务的合同,根据最高人民法院《关于贯彻执行〈中华人民共和国民法通则〉若干问题的意见》第一百二十八条规定,公民之间赠与关系的成立以赠与物的交付为准。赠与人在赠与物交付之前有权撤销赠与,但涉及救灾、公益捐助等性质的除外。

男朋友有暴力倾向，动不动就打我。事后又给我跪下道歉，说他是爱我才这么做的。我真的受不了了，我该怎么办？

打人是一种侵权行为，你男朋友的行为已经侵犯了你的生命健康权。你可以在受到他的伤害时及时报警寻求保护。如果他已经对你造成了一定的人身伤害，可以要求他承担民事赔偿责任。造成轻微伤的，还可以由公安机关对其处以拘留或罚款的行政处罚。如果对你造成了轻伤及以上的损害结果，就可以依法追究他故意伤害罪的刑事责任。造成轻伤的，可以判处三年以下有期徒刑、拘役或者管制；造成重伤的，可以判处三年以上十年以下有期徒刑。

男朋友是有妇之夫。有一天我们被他老婆捉奸在床。她说让我给她一笔钱作为遮羞费，否则就去法院告我。我怎么这么倒霉？

你和你男朋友的行为违反了婚姻法关于夫妻之间应当相互忠实的义务规定,是婚姻法所禁止的行为。你应该马上终止与你男朋友的这种关系,如果你们构成重婚的话,他的妻子是可以依法追究你们重婚罪的刑事责任的。但是他妻子以此来威胁你,索要钱财,是一种敲诈勒索行为,也是违法的。

我怀了男朋友的孩子，他要求我做掉。我不肯，他就让我签下一个协议，说即使生下孩子他也不负责抚养。难道他真的就没有责任了吗？

父母双方都有抚养教育子女的法定义务。即使你男朋友不同意生下孩子,但在孩子生下后他仍然是孩子的父亲,有抚养教育孩子的义务。他与你签下的协议,并不影响孩子向他主张抚养费的权利。

男朋友是军人，不能总是陪我。他怕我和别的男人在一起做对不起他的事，就在我家装了针孔摄像头。真过分！我可以告他吗？

公民的住宅是公民的私人生活空间，公民的生活隐私受法律保护。你男朋友的行为是侵犯公民隐私权的行为，你可以要求他立即拆除针孔摄像头，销毁已经拍摄的视听资料。如果他不同意的话，你可以自行拆除，也可以向人民法院起诉他侵犯隐私权，要求他停止侵权、消除影响、赔礼道歉等。

我买了一部车，男朋友经常借我的车出去玩。没想到出了车祸，车撞坏了不说，还把行人撞成重伤。我要承担责任吗？

借用他人车辆使用中发生车祸,所有人与使用人不是同一人时,属于该机动车一方责任的,由保险公司在机动车强制保险责任限额范围内予以赔偿,不足部分,由机动车使用人,也就是你的男朋友承担赔偿责任;但如果你对损害的发生有过错,比如说将车辆借给没有驾照的人或者明知车辆有安全隐患而借给他人使用,也要承担相应的赔偿责任。

我才上初中，但我很喜欢我们的一个代课老师，他也很喜欢我。我可以和他做男女朋友吗？他想和我发生性关系，可以吗？

如果你还没有满14周岁,那么不管你的代课老师是否征得你的同意与你发生性关系,他都构成了奸淫幼女罪,将被以强奸罪论处,判处三年以上十年以下有期徒刑,并且从重处罚。

爸爸知道我交男朋友了，就偷听我打电话，偷看我电脑里的聊天记录，还不让我出门。他可以这样做吗？

你父亲偷听你打电话、偷看你的电脑聊天记录，都是侵犯你隐私权的行为，都是违法的。你父亲不让你出门是限制你人身自由的行为，同样是违法的，情节严重的还可能构成非法拘禁罪。你可以与你父亲多进行沟通，如果他仍然坚持这样做的话，你也可以考虑采取法律手段。

谢谢你的爱,但我不要伤害 PART 2

前男友那里有我们在一起时候的私密照片和视频。他用这个威胁我,怎么办啊?如果他把这些传到网上,会怎么样啊?

你前男友和你在一起时的私密照片和视频,是你们两个人共同的隐私,你前男友无权私自公开。如果他私自把这些传到网上或以其他方式公开,都是对你隐私权的侵犯,你可以依法起诉他,要求他停止侵权、消除影响、赔偿损失、赔礼道歉等。

分手了，可我还是很想念他。我给他打电话，可接通之后我又不知道该说什么。很多次了。前男友说我再这样的话，他就去告我骚扰。难道我痴情也不对吗？

公民有通信自由的权利，这个权利你和你的男友都可以行使，但在行使自己的权利时不要损害他人的权利，每个人权利的实现离不开他人的保障和配合。所以，请不要再做这样的傻事了。

分手后，我和另外一个男生在一起了。前男友知道后，就告诉我的现男友说我的私密处长了一颗痣。我真的觉得很丢脸，感觉像是被他扒光衣服一样。我该怎么办？

公民的隐私权是人身权，是人格权利和尊严的延伸，女性的身体特征就属于个人隐私。你前男友利用曾经和你的特殊关系知悉了你的身体隐私，在和你分手后将这些告诉你现在的男友，并且使你产生很丢脸、感觉好像被人扒光衣服一样等精神痛苦和思想压力，在法律上已经构成对你隐私权的侵犯。你可以要求他停止侵权、消除影响、赔偿损失、赔礼道歉等。

前男友办了张信用卡的附属卡给我，分手后没有要回。我还可以用吗？

你前男友办了信用卡的附属卡给你的行为,是一种恋爱期间的赠与行为,在恋爱期间你经他同意使用该卡是他对你的赠与,你有权无偿使用,还款义务由他承担。你们分手后他没有要回这张卡,但此时他还是否愿意继续赠与你使用以及这种赠与合同的内容(范围和期限)在你们分手时没有明确,所以还是先问清楚为好,以免产生纠纷。

我和男朋友曾经同居过，但现在分手了，我要搬出同居时的房子。住在一起的时候我付钱买的东西，可以要求他折算成钱给我吗？

按照最高人民法院关于婚姻法的司法解释的相关规定,在解除同居关系时双方财产可以参照夫妻共同财产处理分割。所以对于同居期间你付钱买的东西以及其他同居期间的财产,你都可以主张合理分割。

我和前男友在一起的时候，他保管我们的身份证。结果我发现他用我的身份证去银行开户、办理贷款，请问我应该为此负责吗？

你的前男友未经你同意用你的身份证去银行办理开户、贷款，如果数额较大的话，就已构成了贷款诈骗罪，依法将被判处五年以下有期徒刑或者拘役，并处二万元以上二十万元以下罚金。根据你前男友的情况，你可以去你们住所地的公安机关举报，由公安机关进行侦查，确实构成犯罪的，由检察院的工作人员对你的前男友依法提起公诉。

我们在一起三四年了，我很爱我的男朋友。开始我挣钱供他上大学，后来他毕业了。为了他开店的梦想，我四处借钱作为他的启动资金。好不容易店开起来了，他却要和我分手。我该怎么办？

你和你的男朋友没有结婚，所以你借给他的启动资金只能作为债权、债务处理，你可以要求他返还借你的钱，但对他开的店你没有权利。

我和前男友生了个孩子,并约定由他监护。现在他的家人不许我看孩子,我可以偷偷把孩子带回家吗?

你和前男友生的孩子由他抚养，但孩子仍然是你的子女，你也是孩子的监护人。探望孩子是你的权利，他的家人没有权利阻止你看孩子。你可以与他协商定期探望孩子，协商不成也可以起诉到法院，依法保护你探望孩子的权利。如果对方拒不执行有关探望子女的判决和裁定，由人民法院依法强制执行。法院可以对拒不履行协助另一方行使探望权利的有关个人和单位采取拘留、罚款等强制措施。

前男友和我分手后,在我的单位和家附近散布谣言,说我被别人包养,害得别人看我像看怪物一样。我可以告他吗?

《中华人民共和国民法通则》第一百零一条规定，公民、法人享有名誉权，公民的人格尊严受法律保护，禁止用侮辱、诽谤等方式损害公民、法人的名誉。你前男友与你分手后在你的单位和家附近散布谣言，说你被别人包养，已经侵犯了你的名誉权，并且已经造成了一定的不良影响，你完全可以以侵犯名誉权起诉他，要求他停止侵权、消除影响、赔礼道歉、赔偿损失等。

我和男朋友生了个孩子，但他并不想结婚。如果不结婚的话，我抚养孩子，可以向他要抚养费吗？我的孩子以后可以从他那里继承财产吗？那我呢？

不管你和你的男朋友结不结婚，孩子都是你和他的子女，你们的关系仍然是父母和子女的关系。你们双方都有抚养教育孩子的义务，你抚养孩子，当然可以向他要抚养费。根据继承法，孩子是他的法定第一顺序继承人，可以继承他的财产。但是因为你和他没有婚姻关系，不是他的配偶，不是继承人，所以你无权继承他的财产。

因为偶然的原因,我和一个普通男性朋友发生了关系,并意外地怀孕了。他却不愿意承认。请问我该怎么保护自己?

法律无法保护。你们发生关系，是基于自愿所采取的行为，你的朋友没有违背你的意志，所以他不需要承担刑事责任。另外，在孩子出生之前，仅从怀孕这个事实无法证明孩子就是他的子女，无法要求他对未出生子女承担抚养教育以及其他义务，当然也无法要求他承担你怀孕的医药费等等。

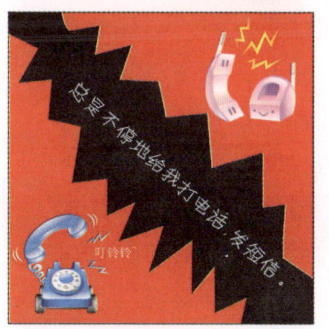

和男朋友分手了,他不愿意接受现实,总是不停地给我打电话、发短信,内容非常让人难堪。我该怎么阻止他呢?

你前男友的行为已经侵犯了你的通信自由权。公民有通信自由的权利,这个权利你和你的男友都可以行使,但在行使自己的权利时不要损害他人的权利,每个人权利的实现离不开他人的保障和配合。你可以要求他停止这种行为,也可以直接拒绝,当然也可以采取法律手段保护自己。

13 Q

我在一家公司上班，老板看上我了，要我做他的情人。我不愿意，他就发短信给我，说要是我同意的话，给我十万块，就一年的时间；要是我不同意，就搞得我身败名裂，让我结了婚也得离婚。请问我该怎么办啊？

你不愿意做老板的情人，老板就发短信威胁你，给你施加精神压力，也给你造成了一定的精神痛苦，老板的行为已经违法。建议你尽量搜集证据，必要时可以向人民法院起诉他。

14 Q

我和男朋友感情很好，最近却意外怀孕了。可男朋友的爸爸妈妈坚决不同意我生下这个孩子，说即使我生下来，他们也一分钱都不会出的，更别说给我们带孩子了。我很伤心，请问他们这样做合适吗？

你男朋友的父母没有权利决定你是否生下这个孩子。但是抚养、教育子女是父母的法定义务,你男朋友的父母没有义务为此出钱,也没有义务为你们带孩子。

男朋友跟我 XOXO 的时候从来不考虑我的生理情况，不爱戴 TT，叫我算安全期。其实安全期根本就不安全。我也不想吃避孕药，因为我已经吃了太多药了。我害怕以后不孕，上次吃药出血半个月。我该怎么办啊？

男女朋友在一起的性生活关系双方的身体健康、人身权利的保护，不适当的行为会造成一方或双方的身体伤害、心理伤害。你男朋友的行为已经损害了你的人身权利，也给你造成了严重的心理伤害，那么你有权要求他停止这种行为，对你的损害承担相应的赔偿责任。如果你听之任之的话，那你也会因为你的过错对损害结果承担一定的责任。

结婚应该很幸福，可是…… PART 3

我们准备结婚了。我父母给了我一笔钱置办嫁妆。我买了一部车，可是男朋友说应该写我们两个人的名字，我就照办了。现在他急着用钱，想把车卖了，我不同意，怎么办啊？

你父母给你的置办嫁妆的钱是对你个人的赠与，但是你按照你男朋友的意思买了车，并且登记在你和你男朋友两个人的名下，因为房屋、车辆等不动产的所有权是以登记方式取得的，所以这辆车的所有权就属于你和你男朋友共有。对于共有财产，必须经共有人协商一致才能处分，你男朋友不经过你同意把车卖掉是无效的法律行为。

男朋友想要在我们结婚之前做婚前财产公证，我觉得他不爱我，才会跟我分得这么清楚。请问他这么做可以吗？

按照法律规定，婚前财产属于个人所有。即使不公证，你男朋友婚前的个人财产也属于他个人所有。不过，公证也是他的权利。

我男朋友今年 19 岁，我们想早点儿结婚。可他妈妈坚决不同意。我们可以不管他妈妈的意见，直接结婚吗？

婚姻自由是我国婚姻法的基本原则，结婚只要双方自愿、符合法律规定就可以了。但你的男朋友今年只有19岁，按照婚姻法的规定，女性年满20周岁、男性年满22周岁才可以办理结婚登记，所以想提前结婚是不行的。

半年前，我和男朋友办了一场婚礼，可一直没有领结婚证。我们的婚姻有效吗？

《婚姻法》第八条规定，要求结婚的男女双方必须亲自到婚姻登记机关进行结婚登记。符合本法规定的，予以登记，发给结婚证。取得结婚证，即确立夫妻关系。未办理结婚登记的，应当补办登记。你和你男朋友只办婚礼而没有领结婚证，你们的婚姻是不受法律保护的。

我怀疑我先生出轨,就委托私家侦探拍到了他和情人在宾馆的照片。这些可以作为证据提交到法院吗?

照片、视听资料都是我国法律规定的证据形式,但是法律规定证据必须要通过合法的途径取得才有效,只要你能证明这些照片是通过合法途径取得的,就可以作为证据提交法院。

我家经济条件很好,父母给我准备了丰厚的嫁妆,并且我也有很多收入和股票。最近和男朋友谈到结婚的事情,我怎样才能保障自己的权益呢?

在结婚前父母给你准备的嫁妆是对你个人的财产赠与,你个人的收入和股票也是你的婚前个人财产。如果你想避免纠纷,可以与父母签订一个书面的财产赠与合同,明确嫁妆只赠与你个人;对你个人所有的收入和股票,你可以和男朋友订立书面的协议,约定这些财产及收益归你个人所有。

交往多年的男朋友有轻微的暴力倾向，偶尔会打我，但是他还是很爱我的，所以我还是决定和他结婚。我打算让他签一份保证，要是婚后又打我的话，必须无条件同意离婚。这个保证有效吗？

离婚是要履行法定程序的。我国目前的离婚方式有两种：一是到婚姻登记机关办理离婚登记；二是通过法院判决或调解离婚。你男朋友的保证书并不能取代法定的离婚程序，所以如果你想离婚，仍然需要履行相关法律程序，保证书只可以作为对方过错的一个证据。

刚结婚，老公总是"性"致勃勃，不仅拉着我和他一起看A片，还让我尝试各种不堪的动作。我真的很痛苦。这算是虐待吧？

你老公的行为是在夫妻性关系中损害对方身体健康和精神健康的行为，给你的身体和精神都造成了一定的痛苦，这种行为如果情节恶劣并且造成一定危害后果就是家庭暴力，长期的、经常性的家庭暴力构成虐待，对虐待者是可以依法追究其刑事责任的。

孩子可不可以跟妈妈姓？

《婚姻法》第二十二条规定，子女可以随父姓，也可以随母姓。所以，子随父姓并不是法定的，孩子跟妈妈姓是可以的。

我和男朋友准备结婚，所以他付首付买了一套房子，房产证上写的是他的名字。但他说应该由我来月供，我也同意了。没想到婚礼前我们大吵了一架，就分手了。我可以不供那套房子吗？

房子是不动产，所有权是通过房产登记来确认的。你男朋友首付买的房子登记的是他的名字，房子的所有权应该是属于他的，所以你没有义务继续偿还该房屋贷款。对于已经偿还的部分，你有权要求你男朋友返还。

我的未婚夫对我很好，人也很精神，大家都说我找了个好男人。可是没想到，他之前居然进过监狱！我实在不能接受。我可以解除婚约并让他赔偿吗？

法律没有禁止进过监狱的人结婚，婚姻自由是婚姻法的基本原则。婚姻是以登记为准的，没有办理结婚登记，仅有婚约，是不具有法律约束力的。你男朋友曾经进过监狱的事实不是婚姻法禁止结婚的条件，法律也没有因此而支持赔偿的规定。

男朋友知道我怀孕后，就同意尽快结婚。可是在准备婚礼的时候，因为太过操劳，我流产了。男朋友又不愿意跟我结婚了。我怎么办啊？

《婚姻法》第三十四条规定，女方在怀孕期间、分娩后一年内或中止妊娠后六个月内，男方不得提出离婚。你们还没有结婚，所以你的流产不属于以上情形。另外，婚姻的缔结以自愿为原则，不能附带条件，所以你也不能因此强迫他结婚。

13 Q

　　我和男朋友真的很相爱，我们已经交换戒指私定终身了。但是他家里人不同意我们在一起。我们该怎么办？

婚姻自由是婚姻法的基本原则。《婚姻法》第五条规定，结婚必须男女双方完全自愿，不许任何一方对他方加以强迫或任何第三者加以干涉。所以他家里人是没有权利干涉你们的婚姻自由的。另外，结婚必须履行法定的登记程序。交换戒指私定终身只是民间的习俗，不具有法律效力。你们只有依法建立婚姻关系，法律才能保护你们的婚姻。

我和男朋友马上就要结婚了,我们当初是由媒人介绍认识的。但最近我发现他有赌博的恶习。而现在双方父母都希望我们尽快完婚。可我对于媒人之前再三保证说他没有任何不良嗜好非常气愤。我该怎么办?

在结婚之前你发现男朋友有赌博的恶习,你有权决定是否和他结婚,父母也是不能干涉的,因为婚姻自由既包括结婚的自由,也包括不结婚的自由。

男朋友的工作是做风险非常高的投资，经常挣的多，赔的也多。我想在结婚前做婚前财产公证，这样对我比较好吗？或者可不可以婚后分别管理各自的财产，即使他赔了，我也不用帮他还债？

婚前财产是属于公民个人所有的，如果担心发生纠纷或有其他风险，可以签订婚前财产协议，明确哪些属于婚前财产，公证的话，协议的证明力更高一些。在法律上一般认为婚后取得的财产是夫妻共同财产，债务也是共同债务，需要用共同财产来偿还。除非有特别约定，约定财产属于个人所有，个人债务才能由个人承担，而且这样的约定对夫妻双方有效，对外则必须第三人知道才行，否则是不能对第三人产生效力的。

我是一个只爱女生的拉拉（同性恋），最近遇到了可爱的她。我们真的想要在一起并且结婚，再领养个孩子，请问可以吗？

我国没有同性恋可以结婚的立法，所以你们想要结婚在法律上是有障碍的。另外，关于领养孩子，收养法有严格的规定，同时具备以下条件的才可收养孩子：1.无子女；2.有抚养教育被收养人的能力；3.未患有医学上认为不应当收养子女的疾病；4.年满30周岁。

我很爱我的男朋友，想要嫁给他。但我的父母不同意，还为了这件事打我。我该怎么办？父母算暴力干涉婚姻自由吗？

婚姻自由是婚姻法的基本原则。《婚姻法》第五条规定，结婚必须男女双方完全自愿，不许任何一方对他方加以强迫或任何第三者加以干涉。即使是父母也无权干涉。你的父母为此打你，显然是干涉婚姻自由的行为，应当禁止；如果造成你人身伤害，还应当承担相应的法律后果。

我和先生结婚了。他对我总是不放心，天天查我的手机通话记录和短信记录，我上班的时候还要打两个电话查岗。我说了他好多次，他说是因为在乎我。怎么办呢？

你的手机通话记录和短信记录属于你的个人隐私,没有你本人的同意,作为丈夫也是没有权利查看的,他的行为已经侵犯你的隐私权。上班期间打查岗电话,如果影响你正常工作,也是侵权行为,你有权要求他停止侵权、排除妨碍等。

我和先生认识两个月就结婚了。婚后一直没有怀上孩子。我自己检查过了，没有什么问题。我让先生去检查，他总是推托，还经常喝很多酒。后来硬逼着他去检查，医生说他有问题。我怀疑他之前就知道自己不育，却没有告诉我。我真的很喜欢小孩，怎么办？想离婚……

你的丈夫因为身体原因不能生育,在医学上可以通过治疗解决。婚姻法没有将不育列为禁止结婚或者准予离婚的法定情形。你想离婚是你的权利,只要具备导致你们夫妻感情破裂无法继续共同生活的条件,是可以离婚的。

要分道扬镳了，希望能好聚好散

PART 4

我先生有了第三者，我很伤心，准备和他离婚。请问如果离婚的话，我可不可以得到补偿？如果可以的话，补偿多少？

根据《婚姻法》第四十六条的规定,有配偶者与他人同居导致离婚的,无过错方有权要求损害赔偿,包括物质损害赔偿和精神损害赔偿。涉及精神损害赔偿的,适用最高人民法院《关于确定民事侵权精神损害赔偿责任若干问题的解释》的有关规定。所以,你可以要求损害赔偿。而且由于你先生是过错方,你没有过错,你还可以要求在财产分割时给他不分或者少分财产。

我先生是离异的，带着他和前妻的孩子。前不久先生突然去世，留下了这个孩子。请问我应该抚养这个孩子吗？还是应该送还给孩子的生母抚养？

你的先生和他的前妻虽然离异了，但他们仍然是孩子的父母，对孩子负有抚养教育的义务。你的先生去世了，孩子的生母是孩子的监护人，你可以要求孩子的生母承担抚养责任，另外还必须考虑他们离异时对于孩子的抚养是怎样约定的，以及你先生去世后孩子对他父亲的财产继承权问题。

我先生和我结婚后就对我失去了兴趣，从来不碰我。我建议他去看心理医生，他也不愿意。可我真的很难受！我可以因为这个离婚吗？

你的情况婚姻法没有明确列举,但规定了若存在列举之外其他导致夫妻感情破裂的情形,也可以判决离婚,判断的标准就是夫妻感情是否破裂。如果因此而导致你们夫妻感情破裂的话,是可以判决离婚的。

我和先生白手起家，婚后努力挣钱买了三套房子，都登记在他的名下。但他却在外面有了别的女人，准备和我离婚。我可以要求分房子吗？

你和先生婚后购买的三套房子，如果没有特别约定的话，应该是你和他的夫妻共同财产，你当然有权在离婚时主张分割。而且由于他在外边有第三者，是离婚的过错方，而你作为无过错方，在离婚时还可以据此要求法院判决少分或者不分给他财产。

我先生最近失业了，心情不好，整天借酒浇愁，还经常对我拳打脚踢。我可以要求离婚并请求赔偿吗？

A5

你当然可以要求离婚，如果你先生的行为符合法律规定的家庭暴力或者虐待的情形的话，法院应当判决离婚，而且依法判决他给予无过错的你损害赔偿，包括物质损害赔偿和精神损害赔偿。

　　法院判决我和先生离婚，孩子的抚养权归我。那他对孩子还有责任吗？以后孩子有什么事情的话，我还可以找他帮忙吗？

夫妻离婚并不影响子女与父母在法律上的身份关系、父母对子女的抚养义务，而且法律规定，夫妻离婚后，一方抚养的子女，另一方应承担抚养费的一部分或全部，抚养费包括子女的生活费、教育费、医疗费等支出。所以你的前夫仍有抚养孩子的义务。

当初我和前夫离婚的时候，一时逞强，拒绝了他给孩子的抚养费。但这几年，因为各种原因，我的收入大不如前。请问我可以要求前夫给孩子抚养费吗？

根据婚姻法的规定，离婚后，一方抚养的子女，另一方应负担其必要的生活费和教育费的一部分或全部，负担费用的多少和期限的长短，由双方协议；协议不成时，由人民法院判决。关于子女生活费和教育费的协议或判决，不妨碍子女在必要时向父母任何一方提出超过协议或判决原定数额的合理要求。所以，你在抚养能力大不如前的情况下，可以以孩子法定代理人的身份向他的父亲要求给付孩子抚养费，协商不成的还可以向法院起诉。

　　和前夫离婚后的第三个月,我就再婚了。可突然发现自己已经怀孕四个多月了。前夫可以来跟我要这个孩子吗?

父母和子女的关系不会因父母离婚而改变，父母离婚后子女仍然是双方的子女，所以你的孩子出生后你的前夫是可以要求孩子的抚养权的，但具体由谁抚养要考虑实际情况，主要是考虑双方谁抚养更有利于孩子的健康成长。

　　先生想要和我离婚。我在考虑的期间，无意中发现家里的存款全部都不见了！房子是在我们结婚之后用先生的名字买的，他把房子也过户到别人的名下了。我该怎么办？！

根据《婚姻法》第十七条规定，夫妻在婚姻关系存续期间所得的下列财产，归夫妻共同所有：（一）工资、奖金；（二）生产、经营的收益；（三）知识产权的收益；（四）继承或赠与所得的财产，但本法第十八条第三项规定的除外；（五）其他应当归共同所有的财产。夫妻对共同所有的财产，有平等的处理权。你的丈夫在你考虑期间转移存款、过户房产属于隐藏、转移、变卖夫妻共同财产的行为，按照《婚姻法》第四十七条的规定，离婚时在分割夫妻共同财产时，对隐藏、转移、变卖、毁损夫妻共同财产或伪造债务的一方，可以少分或不分。离婚后，一方发现另一方有上述行为的，可以向人民法院提起诉讼，请求再次分割夫妻共同财产。所以，请你搜集证据，通过诉讼依法维权。

我和先生离婚了，在离婚协议中约定将我们共有的一套房屋送给孩子。后来我约他去办理过户手续，他竟然一口回绝，要我和孩子补偿给他10万元，否则不办理过户手续。已经签订的协议，他怎么能反悔呢？

夫妻之间自愿达成的离婚协议具有法律约束力。根据婚姻法相关司法解释，男女双方协议离婚后一年内就财产分割问题反悔，请求变更或者撤销财产分割协议的，人民法院应当受理。人民法院审理后，未发现订立财产分割协议时存在欺诈、胁迫等情形的，应当依法驳回当事人的诉讼请求。所以，如果没有以上情形，你前夫对财产分割协议反悔是没有依据的，孩子有权依据离婚协议要求你前夫办理房产过户手续。

法院判决我和先生离婚，我不服，提出上诉了。在等待二审法院开庭审理期间，竟听说他已经和另一个女人在外地办了喜酒，堂而皇之地以夫妻名义住在了一起，就差领取结婚证了。离婚判决尚未生效他就做出这样的事，我能起诉他们重婚吗？

A 11

一审离婚判决作出后，如果有一方上诉，判决就没有生效，所以你们仍然是夫妻关系。在这种情况下，你丈夫与他人办喜酒同居，实际是以夫妻名义公开生活，他们的行为已经构成重婚罪，你可以向人民法院提起刑事自诉，追究他们的刑事责任，他们将会被判处三年以下有期徒刑、拘役或者管制。

因为家庭暴力，想跟老公离婚。他之前打我的时候写下了保证书，说如果再打我的话，就同意离婚，并且家庭所有财产全归女方。请问这个保证书有用吗？凭借保证书我可以获得全部财产吗？

离婚是要履行法定程序的。我国目前的离婚方式有两种：一是到婚姻登记机关办理离婚登记；二是通过法院判决或调解离婚。你老公的保证书并不能取代法定的离婚程序，所以你如果想离婚，仍然需要履行相关法律程序。但你如果有你老公实施家庭暴力的证据以及保证书，就可以作为对方有过错的证据，判决离婚时财产分割会对你有利。

陕西省妇女理论婚姻家庭研究会 029-87458899
陕西省法律援助中心 029-87459758
西安市法律援助中心 029-87259340
陕西省妇女联合会（权益部）029-85581975
西安市妇女联合会（权益部）029-86529407